●〜はじめに〜　　如来さまの願い、私

　ご法事・お仏壇・仏法（阿弥陀如来様の救い）を家族や次世代に受け継いで欲しい、そんな想いを持つあなたの為の書き込み式ノートです。

　お参りを通して肌身で感じる事ですが、一軒のお宅の中でご法事・お仏壇・仏法を大切にするお方がおられても、次世代に継承されないことがしばしばあります。この傾向は、年を追うごとに強まっており、この流れに一石を投じたいという思いでこのノートを作成しました。お仏壇等を大切にした人が、大切にしたその想いと方法（お給仕のごく基本的な事項など）を伝えていくことで、継承に戸惑う次世代の人たちにスムーズかつ内実を伴った引き継ぎができていくのではと期待します。勿論、継承の方法は多種多様にあるでしょうが、このノートがその一つの方法として役割を担うことができれば、と思っています。

　他のいわゆるエンディングノートでは自分史、治療方針、葬儀準備などの紙面が多く割かれています。このノートでもこの内容は踏襲していますが、最大の特徴はご法事・お仏壇・仏法の継承という点に重きを置いている点です。僧侶として、しばしば相談を受ける事がお仏壇についての相談です。お仏壇とは何であるのか、というその大切さが認知されず、継承されないまま、単に処分される事がままあります。お仏壇が無くなれば、手を合わせる日常が無くなることは論を待ちません。同様に、ご法事・お仏壇・仏法の継承や興隆は一体になっていると私は考えています。

　現代は生活形態の多様化に伴って家族同士が離れて住むことも多くなり、多忙な昨今にあっては家族が互いにどんな想いを抱いているかが見えにくくなっています。そして、お互いの想いを知る事ができないまま、いつ終わるとも知れない命を終えていく───それは残念な事ではないでしょうか。このノートが、家族に想いを確実に伝え残す一つの方法になることを期待しています。

　このノートが、阿弥陀さまの願いが伝わっていく道筋の一つになることができれば幸甚です。

合掌

浄土真宗本願寺派僧侶　牧野　仁（釈悠水）

～書き方について～

・このノートがあることを、周囲の人に伝えておきましょう。

・初めから全て埋めようとせず、少しずつ埋められてもよいでしょう。

・後で、意見が変わったり、訂正したいときには赤線を引くなりして、訂正した日付などを書いておくとよいでしょう。

・保管場所は、日頃、思いついたことをすぐ書けるように身近に置いてもいいと思います。個人情報について集約したノートですので、保管は慎重にしてください。

・むずかしい漢字、あるいは人名については「ふりがな」を振っておいた方が、読み違いなどもなく、より丁寧になるでしょう。

・たまにパラパラッと見直した方がよいかも知れません。連絡先などの住所変更等の情報更新等をしておくと、信頼性の高いノートになりますし、自分の考えの見直しにもなります。

・結婚・出産など人によってはあてはまらないページや項目がありますが、その場合は当該ページ・項目を飛ばしてお書き込みください。

　　上記のように少し提案を書きましたが、書き方について細かい決まりはありません。どうぞご自由にお使いください。

もくじ

わたしの想い

お仏壇の基本的なお飾り

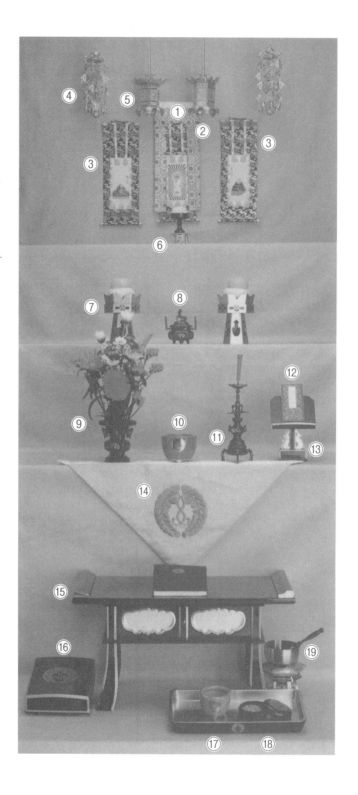

①ご本尊　②戸帳　③脇がけ　④瓔珞　⑤金灯籠　⑥仏飯器　⑦供笥　⑧金香炉　⑨花立て　⑩土香炉　⑪ろうそく立て　⑫過去帳　⑬過去帳台　⑭打敷　⑮経卓　⑯御文章箱　⑰香炉　⑱香盒　⑲鈴

・探究社刊「願いを生きる」より

わたしの想い

署名（書き手）

当冊子に記入の事は、私の遺志に相違ありません。

年　　月　　日

私の署名　　　　　　　　　　　　　　　印

私の少年・少女期／青年期

私

父の名前 ＿＿＿＿＿＿＿＿＿＿＿＿　　母の名前 ＿＿＿＿＿＿＿＿＿＿＿＿

　名 前 の 由 来： ＿＿＿＿＿＿＿＿＿＿＿＿＿＿＿＿＿＿＿＿＿＿＿

出　身　地： ＿＿＿＿＿＿＿＿＿＿＿＿＿＿＿＿＿＿＿＿＿＿＿

　こんなところ： ＿＿＿＿＿＿＿＿＿＿＿＿＿＿＿＿＿＿＿＿＿＿＿

＿＿＿＿＿＿＿＿＿＿＿＿＿＿＿＿＿＿＿＿＿＿＿＿＿＿＿＿＿＿＿＿＿

生　年　月　日： ＿＿＿＿＿＿＿＿＿＿＿＿＿＿＿＿＿＿＿＿＿＿＿

そ　の　他： ＿＿＿＿＿＿＿＿＿＿＿＿＿＿＿＿＿＿＿＿＿＿＿

家系図（命のつながり、仏法のつながり）

母　父

私

私 の 少 年 ・ 少 女 期

幼稚園（保育園）: 　　　　　　　　　　　　　　　　　　　　　　　　　　卒園

小　学　校: 　　　　　　　　　　　　　　　　　　　　　　　　　　　　卒業

中　学　校: 　　　　　　　　　　　　　　　　　　　　　　　　　　　　卒業

あこがれた職業:

思　い　出:

少年・少女期（思い出写真）

私 の 青 年 期

中　学　校：　　　　　　　　　　　　　　　　　　　　　　　　　　卒業

高　　　校：　　　　　　　　　　　　　　　　　　　　　　　　　　卒業

大学・専門学校：　　　　　　　　　　　　　　　　　　　　　　　　卒業

あこがれた職業：

思　い　出：

青年期 （思い出写真）

私の壮年期

私 の 壮 年 期 （結 婚）

結 婚 記 念 日：　　　　　　　　　　年　　　　月　　　　日

結 婚 式 を し た 場 所：　　　　　　　　（仏式・神式・キリスト教式・無宗教式）

披 露 宴 の 場 所：

相手の初印象（夫→妻）：

相手の初印象（妻→夫）：

結 婚 を 決 め た 時 （夫）：

結 婚 を 決 め た 時 （妻）：

プ ロ ポ ー ズ の 言 葉：

新 婚 旅 行 先：

思 い 出：

壮年期（思い出写真）

私 の 壮 年 期 （ 出 産 ）

第一子

（ ふ り が な ）
氏　　　名：

名 前 の 由 来：

生 年 月 日：

出 産 場 所：

出産時の体重：　　　　　　　　g

思　い　出：

第二子

（ ふ り が な ）
氏　　　名：

名 前 の 由 来：

生 年 月 日：

出 産 場 所：

出産時の体重：　　　　　　　　g

思　い　出：

第三子

（ふりがな）

氏　　　名：

名 前 の 由 来：

生 年 月 日：

出 産 場 所：

出産時の体重：　　　　　　　　g

思　い　出：

第四子

（ふりがな）

氏　　　名：

名 前 の 由 来：

生 年 月 日：

出 産 場 所：

出産時の体重：　　　　　　　　g

思　い　出：

孫・大切な人への想い

壮年期（出産／思い出写真）

私 の 壮 年 期 （仕 事 ・ 子 育 て）

今までに就いた仕事：

資格や受賞したこと：

仕事・子育ての思い出：

今までに就いた仕事：

壮年期（仕事・子育て／思い出写真）

私の老年期

私の老年期（定年後の生活）

趣味・ライフワーク：

これからチャレンジ：
してみたいこと

座 右 の 銘：

思 い 出：

私の老年期（定年後の生活／思い出写真）

私 の 老 年 期 （病 い と 老 い）

私

かかりつけ医：　　　　　　　　　　住所：　　　　　　　　　　　　　　TEL

　　　　　　　　：　　　　　　　　　住所：　　　　　　　　　　　　　　TEL

　　　　　　　　：　　　　　　　　　住所：　　　　　　　　　　　　　　TEL

　　　　　　　　：　　　　　　　　　住所：　　　　　　　　　　　　　　TEL

病　　　　歴：病名／　　　　　　　　　　　　　　・時期／

　　　　　　：病名／　　　　　　　　　　　　　　・時期／

　　　　　　：病名／　　　　　　　　　　　　　　・時期／

　　　　　　：病名／　　　　　　　　　　　　　　・時期／

現在の持病と薬名：病名／　　　　　　　　　　　　・薬名／

　　　　　　　　：病名／　　　　　　　　　　　　・薬名／

　　　　　　　　：病名／　　　　　　　　　　　　・薬名／

　　　　　　　　：病名／　　　　　　　　　　　　・薬名／

ガン等の重病名／余命告知：　希望　／　希望せず　／　病名のみ希望　／　余命のみ希望

（一つを○で囲む）　　　　　　：　医師の判断に任せる　／　その他（　　　　　　　　　　　　）

延命治療の希望：　希望　／　希望せず　／　苦痛を伴う延命の場合のみ希望せず

（一つを○で囲む）　　：　医師の判断に任せる　／　その他（　　　　　　　　　　　　）

希望介護形態：　自宅　／　子の家（　　　　　　の家）　／　施設（　　　　　　　　）

（複数回答可）　　　：　自宅と施設（　　　　　　　）　／　家族の判断に一任　／　その他（　　　　）

脳死判定後の臓器提供の可否：　希望　／　希望せず　／　その他（　　　　　　　　　　）

（一つを○で囲む）

私 の 老 年 期 （死 と 死 後）

私

死を迎えたい場所：　自宅　／　病院（　　　　　　　　　　　）　／　終末医療施設（　　　　　　）

お葬式の希望形態：　仏式（宗派　　　　　　　　　　寺院名　　　　　　　　　　　　　　　　　　）

　　　　　　　　：　その他

　連絡先(寺院等)：　　　　　　　　　　　　　　　　Tᴇʟ

　連絡先(葬儀社)：　　　　　　　　　　　　　　　　Tᴇʟ

希 望 葬 儀 場 所：　自宅　／　自治会館　／　寺院　／　葬儀会館（　　　　　　　　　　　　　　）

法 名 の 有 無：　無し　／　有り（釈　　　　　　　　＜読み仮名　　　　　　　　　　＞）

希 望 葬 儀 規 模：　標準的　／　簡素　／　盛大　／　肉親のみ　／　出来るだけ多くの人を呼ぶ
　　（複数回答可）

希 望 喪 主 名：

遺 影 の 準 備：　していない　／　している（保管場所　　　　　　　　　　　　　　　　　　　　）

葬儀費用の準備：　していない　／　している（具体的資金　　　　　　　　　　　　　　　　　　）

　　　　　　　　：　これからする（具体的計画　　　　　　　　　　　　　　　　　　　　　　　）

会葬御礼／香典返しの希望：　標準的　／　高価　／　簡素　／　その他（　　　　　　　　　　　）

お 墓 の 準 備：　無い　／　これから準備する（具体的計画　　　　　　　　　　　　　　　　　）

　　（複数回答可）　　：　有る（墓園名／　　　　　　　区画位置／　　　　　　連絡先／　　　　）

　　　　　　　　：　お墓への納骨と分骨を両方して欲しい（大谷本廟）

お墓の維持管理希望：　家族・子ども全員で　／　特定の人に（　　　　　　　　　　　　　　　　）

　　（複数回答可）　　：　維持が困難な場合移転も可　／　移転せず必ず維持

　　　　　　　　：　その他（　　　　　　　　　　　　　　　　　　　　　　　　　　　　　　　）

私にとってのお仏壇・ご法事・仏法

私 に と っ て の お 仏 壇

お仏壇の維持管理　1　現仏壇を必ず維持管理して欲しい

　　　　　　　　　2　事情に応じ買い換えてもよいが維持管理して欲しい

　　　　　　　　　3　家族に一任する

　　　　　　　　　4　その他（　　　　　　　　　　　　　　　　　　　　　　）

　　購入時のお仏壇屋：連絡先　　　　　　　　　　TEL

　　入仏法要時の寺院：連絡先　　　　　　　　　　TEL

お給仕について　　1　毎日一度はお仏飯・お花等をお供えして欲しい

　（複数回答可）　2　ご法事にはお仏飯・お花等を供えて欲しい

　　　　　　　　　3　お彼岸・お盆にはお仏飯・お花等を供えて欲しい

　　　　　　　　　4　報恩講にはお仏飯・お花等を供えて欲しい

　　　　　　　　　5　その他（　　　　　　　　　　　　　　　　　　　　　　）

望まないお給仕　　1　お酒は供えないで欲しい

　　　　　　　　　2　遺影は、お仏壇の中や上方に置かないで欲しい

　　　　　　　　　3　遺骨はお仏壇の中に置かないで欲しい

　　　　　　　　　4　造花を供えないで欲しい

　　　　　　　　　5　その他（　　　　　　　　　　　　　　　　　　　　　　）

自分にとって、お仏壇とは

～ お坊さんからのワンポイント（お仏壇編）～

　お仏壇とは、阿弥陀如来さまがおられるお浄土（極楽）をあらわしています。一番下に過去帳がご安置されていますが、それはお浄土に先に生まれて往かれた亡き人のお姿をあらわしているのです。ですから、お仏壇は最上段の阿弥陀如来さまを中心とした上で、亡き人の位置づけを表現しています。

　また、お仏壇とは、教えが説かれているお経を読み、仏様の教え・お救いを聞いていく家庭の中での道場の役割を持っています。お念仏「ナモアミダブツ」をお称えさせていただきながら、お経の内容について尋ねていくことが大切です。

　以上の意味から、お仏壇とは阿弥陀如来さまを敬い、亡き方が先にお待ちのお浄土に思いをはせつつ、み教え・お救いを聞きお念仏を称えさせていただくところです。亡き人の霊魂が宿っているところ、願望祈願するところではありません。

私 に と っ て の ご 法 事

ご法事の形態について：　　自宅で　／　（　　　　　　　）宅で　／　お寺（　　　　　　　）で

　　　　　　　　　　　：　ホテル（　　　　　　　　　）で　／　葬儀会館（　　　　　　　　）で

ご法事の出席者について　　1　家族に集まってほしい

　　　　　　　　　　　　　2　親戚に集まってほしい（31頁参照）

　　　　　　　　　　　　　3　その他

ご法事の出席者への対応

　1　会食とお供えの分配をできるだけ（　丁寧　／　標準的　／　簡素　）にして欲しい

　2　会食だけを（　丁寧　／　標準的　／　簡素　）にして欲しい

自分にとって、ご法事とは

中陰表

命　日	年　　月　　日
初七日	年　　月　　日
二七日	年　　月　　日
三七日	年　　月　　日
四七日	年　　月　　日
五七日	年　　月　　日
六七日	年　　月　　日
満中陰	年　　月　　日
初月忌	年　　月　　日
百カ日	年　　月　　日

年回表

回忌	年
1周忌	年
回忌	年
回忌	年
回忌	年
回忌	年
回忌	年
回忌	年
回忌	年
回忌	年

～ お坊さんからのワンポイント（ご法事編）～

　ご法事とは、御存知のようにお仏壇の前でお勤めするご仏事です。お仏壇とは、「お仏壇編」で申し上げましたが、阿弥陀如来さまがおられるお浄土をあらわしています。亡き方が先に往かれたお浄土に思いをはせながら、阿弥陀さまのお救いを聞きつつお念仏を称えさせて頂くのがご法事です。

　阿弥陀さまは、「全ての生きとし生けるものを我が浄土へと迎えとる、まかせなさい」と仰ってくださいます。このお救いのお言葉を素直に聞かせていただく上では、亡き方はお浄土にお生まれになられ仏さまと成り、遺された者が手を合わせ、お救いのお言葉にであうご縁となってくれたと頂きます。それほどの尊いご縁がご法事だと捉える事ができるのです。ご法事は、亡き方の命を通して阿弥陀さまのお救いのお言葉にであわせて頂き、感謝する大切なご縁です。事情が許す限りできる限り多くの方と、大切なご縁を一緒にしたいものです。

　ところが、しばしば「ご法事は心の中だけの問題」ということで、心の中で故人を哀悼すればご法事になるという考え方から、ご法事を行わない場合も最近見受けられます。しかし、ご法事は決して「心の中だけの問題」ではありません。お経やお念仏、法話を通して私達の心の中からだけでは決してわき起こらない、阿弥陀さまのお心・お救いのお言葉にであわせて頂くのがご法事の主眼なのですから。

　また、感謝に区切りをつけるような「何回忌まで」という事も適切ではありません。感謝し続けることこそが、本当の感謝でありましょう。

私にとっての仏法（仏さまのお救い）

手を合わせることについて　　1　朝夕お仏壇の前でお経をお勤めして欲しい

（複数回答可）　　　　　　2　朝だけでもお仏壇の前でお経をお勤めして欲しい

　　　　　　　　　　　　　3　朝夕お仏壇の前で手を合わせて欲しい

　　　　　　　　　　　　　4　朝だけでもお仏壇の前で手を合わせて欲しい

　　　　　　　　　　　　　5　時間を作って手を合わせて欲しい

　　　　　　　　　　　　　6　お寺の法要時に参って、手を合わせて欲しい

　　　　　　　　　　　　　7　その他（　　　　　　　　　　　　　　　　　　　　　）

阿弥陀如来さまのお救いを聞くことについて

　　　　　　　　　　　　　1　聞く機会を自ら見つけて、必ず行って欲しい

　　　　　　　　　　　　　2　聞く機会・案内があったなら、できるだけ行って欲しい

　　　　　　　　　　　　　3　一年に一度以上は必ず行って欲しい

　　　　　　　　　　　　　4　その他（　　　　　　　　　　　　　　　　　　　　　）

自分にとって、仏法とは

心に残る仏法のことば：

～ お坊さんからのワンポイント（仏法編）～

　仏法、阿弥陀さまのお救いとは、「全ての生きとし生けるものを我が浄土へと迎えとる、まかせなさい」という如来さまの願いの通りに私達がお浄土に往生（往き生まれ）成仏（仏に成る）するという事です。

　現代の人の多くは、「死んだらしまい」と思っている人が多いでしょう。しかし、仏さまは「そうではありませんよ。死ぬのではなく、生まれるのですよ」と気づかせてくださいます。「死ぬ」と「生まれる」は、180度違う事です。

　一緒に生活する家族、親と子、夫と妻、兄弟、また色々な家族の形がそれぞれあるでしょう。その親しい者同士が命尽きればさようなら「死ぬ」のではありません。命尽きてもまた会えますね、それがお浄土に「生まれる」ということです。お浄土で、仏に成ったもの同士が再び会える世界が開かれている。これが、阿弥陀さまの往生成仏のお救いなのです。

五十回忌を通して
伝わった如来さまの願い

　ある七十歳過ぎの男性が施主となって、実のお母さんの五十回忌を勤められた、というお話を聞いたことがあります。その法事が終わった後、施主である男性は御住職に「本日は、お勤め有難うございました」とお礼を言われました。そしてそのお礼の言葉の後に、大粒の涙をぽろぽろとこぼされました。ご住職が「どうされたんですか」と尋ねると、施主がぽつりぽつりと話し出されました。

　曰く、「昔、私は若いころ兵隊に取られましてね。召集令状がいつ来るかと思ってはいましたが、とうとうその日が来まして、五日後に出頭せよとのことでした。これでもう故郷には帰って来られまい、そう思いました。そこで、もう帰っては来られないのだから、今生で自由になる最後の五日間をどう面白可笑しく過ごそうか、と考えておりました。

　すると、母が突然名前も聞いたことの無いような親戚の法事を、命日を繰り上げて、しかも出征するまでのこの五日間で勤めよう、と言い出したのです。正直、腹の中が煮えくり返りました。なんでこんな時にわざわざ時間の浪費をするのかとさえ思いました。しかし、その思いを表には出さず、母親の言った通りにお仏壇にお給仕を整えて法事をあい勤めました。

　それから出征しまして、艱難辛苦（かんなんしんく）の末に何とかふるさとに帰って来られました。懐かしい故郷の地を踏めたのが嬉しくて。また、久しぶりに母の顔が見られるかと思うと足が速くなりました。玄関を開けると、母の姿はありません。家人によると、母は出征中に亡くなったとの事でありました。ガックリきました。母の姿がもう見られないのも、そしてあの時なぜ法事をしようと言い出したのか分からず終いになったことも。

　あれから五十年の歳月が経とうとしておりますが、本日ご住職の法話を聞いて気づかされました。ご住職は＜阿弥陀さまは、いつ、どこで、どんな形で命終えてもこの私、私達をお浄土に迎え仏にしてくださるお方であるぞ＞とお話くださいましたね。その時ハッとしました。ああ、そうかと思いました。あの時、母が法事をしようと言ったのは、戦地に赴く私の為に、いつ・どこで・どんな形で命終えてもお浄土に迎えてくださる阿弥陀さまがおられるぞ、その阿弥陀さまのお心にどうぞ出あっておくれよの母心だったんですね。ここまで五十年もかかりました。恥ずかしいやら、嬉しいやら」と。

諸手続の情報・連絡先

葬儀の連絡をして欲しい親戚

名　前	住　所	電話番号	続　柄

葬儀の連絡をして欲しい親戚

葬儀の連絡をして欲しい親戚

名　前	住　所	電話番号	続　柄

葬儀の連絡をして欲しい友人・知人・団体

名　前	住　所	電話番号	備　考

葬儀の連絡

葬儀の連絡をして欲しい友人・知人・団体

名　前	住　所	電話番号	備　考

預貯金

金融機関名	種　　類	口座番号	金額	連絡先
	普通・定期・当座			
	普通・定期・当座			
	普通・定期・当座			
	普通・定期・当座			
	普通・定期・当座			
	普通・定期・当座			
	普通・定期・当座			
	普通・定期・当座			

生命保険等

契約会社	保険種類	証券番号	保険金額	契約者名	保険受取人	連絡先

クレジットカード

会社名	カード番号	連絡先

借入金・ローン

借入先	借入額	残　高	担　保	返済期限	毎月の返済日

その他・メモ

その他・メモ

その他・メモ

備忘録

浄土真宗版エンディングノート

わたしの想い

平成23年5月10日　　初版第1刷発行
平成26年1月30日　　　　第2刷発行

編著者　**牧野　仁**

発行者　西村武雄

発行所　株式会社　探究社

〒600-8268京都市下京区七条通大宮東入大工町124-1

Tel.（075）343-4121　FAX（075）343-4122

印刷　株式会社　石田大成社

製本　西村製本紙工所

●落丁・乱丁の場合はお取替え致します。

ISBN978-4-88483-876-8　C0015

絵・那須恵斉